Evelyne Debourg

Illustrations
de Anna Lubinski

FRUITS ET LÉGUMES

• 40 recettes •

pour les aimer toute l'année

Glénat jeunesse

Membre de notre association des **Cuisiniers de la République française**, durant toute sa carrière en tant que cantinière, Évelyne Debourg n'a eu de cesse de régaler les plus jeunes.

Il était logique qu'elle s'attelle à l'écriture d'un livre pour enfants, tant l'éducation des palais et la transmission des savoirs sont dans sa nature. **Une belle réussite !** Illustré avec talent, ce livre propose des astuces à chaque recette : laissez-vous guider au fil des saisons pour cuisiner avec vos enfants et même les laisser faire...

Merci à Évelyne Debourg de nous livrer ces 40 recettes pour que les plus jeunes puissent s'amuser en cuisinant et nous émerveiller autour de petits bonbons croustillants, d'un cake de courgettes, de pommes surprises, d'un millefeuille d'aubergine, de mini-pizzas et d'autres recettes toutes aussi faciles que gourmandes !

J'espère que vous prendrez, à découvrir ce livre, autant de plaisir que j'en ai eu à le feuilleter, le lire et l'adopter. À mettre entre toutes les petites mains !

Guillaume Gomez
Un des Meilleurs Ouvriers de France

Sommaire

Automne

Hiver

Printemps

Velouté d'orties sauvages

Pissenlits des prés aux petits lardons

Petits légumes fondants nouveaux

Omelette aux pointes d'asperges vertes

Carottes du potager à l'orange

Trio de légumes aux saucisses de volaille

Gaufres surprises au Cantal

Sucettes d'ananas au chocolat

Milk-shake tigré à la banane

Moelleux aux oranges du verger

Été

Délice d'artichauts aux trois sauces

Gratin marin de mini-courgettes

Éventails de tomates aux œufs durs

Galettes d'épinards à la fleur de sel

Concombre à la ciboulette des fées

Tarte sucrée-salée de figues et de coings

Plumeaux de romarin aux fraises du jardin

Milk-shake à la pêche de vigne

Mousse à la fraise pour petit chef en herbe

Sucettes de pastèque à l'emporte-pièces

RECETTES D'AUTOMNE

Pour 4 personnes

Préparation : 20 min

Cuisson : 15 min

ENDIVES

• des trois petits cochons •

Ingrédients

* 4 tranches de jambon artisanal
* 4 endives
* 100 g de Comté râpé
* 50 cl de lait
* 25 g de beurre
* 25 g de farine
* Sel, poivre
* Noix de muscade râpée

1. Préchauffe le four à 200 °C. Lave les endives, coupe-les dans le sens de la longueur et mets-les à cuire 5 minutes dans une casserole d'eau salée. Égoutte-les dans une passoire.

2. Fais chauffer le lait dans une casserole, puis verse-le dans un bol. Mets le beurre à fondre, ajoute la farine et remue avec un fouet. Ajoute le lait chaud progressivement jusqu'à ce que la sauce épaississe : ta Béchamel est prête.

3. Ajoute du Comté, du sel, du poivre et de la noix de muscade râpée.

4. Coupe les tranches de jambon en deux, dépose les endives puis roule le jambon.

5. Dépose le tout dans un plat à gratin. Verse la sauce Béchamel et ajoute le reste de Comté puis mets au four 15 minutes.

Appelée « perle du Nord », « chicon » ou encore « chicorée », l'endive est une plante amère. Dans le nord de l'Italie, elle se nomme « trévise ».

1
2
3
4
5
00:15

Pour 4 personnes

Préparation : 20 min

TOMATES FARCIES

• en petits paniers •

Ingrédients

* 4 belles tomates fermes et rondes
* 1 boîte de thon
* 250 g de yaourt grec
* 1 concombre
* 8 brins de ciboulette
* Paprika, muscade
* Fleur de thym
* 1 c. à café de moutarde
* Sel, poivre

1 Lave les tomates, la ciboulette et le concombre. Sur une planche, pose les tomates la queue en bas. Avec un petit couteau, découpe deux demi-cercles en laissant une bande au milieu pour faire une anse de panier, puis évide délicatement les tomates.

2 Coupe les concombres en petits cubes. Égoutte le thon et émiette-le.

3 Dans un saladier, verse le yaourt. Assaisonne-le avec les épices, la moutarde, le sel et le poivre. Ajoute le thon et le concombre et mélange le tout.

4 Avec une cuillère à café, remplis tes paniers de tomates avec le mélange. Parsème de ciboulette et de fleur de thym.

Pense à garder l'intérieur des tomates pour en faire une sauce ou un coulis.

1
2
3
4

Pour 2 personnes

Préparation : 15 min

Cuisson : 30 min

MIGNONS PETITS PÂTISSONS

farcis

Ingrédients

* 200 g de chair à saucisse de volaille
* 2 petits pâtissons
* 20 cl de sauce tomate
* 4 feuilles de basilic
* 1 c. à soupe d'huile d'olive
* Sel, poivre

1 Préchauffe le four à 160 °C. Lave les pâtissons sous l'eau froide, ouvre-les en deux et évide-les.

2 Dans une poêle, verse l'huile et dépose la chair à saucisse. Laisse-la dorer puis mouille-la avec la sauce tomate. Ajoute le basilic, du sel et du poivre.

3 Garnis les pâtissons de viande et replace les couvercles.

4 Mets-les à cuire pendant 30 minutes. Vérifie la cuisson avec la pointe d'un couteau.

5 À la sortie du four, dépose les pâtissons sur de belles assiettes ; tu pourras les servir accompagnés de riz de Camargue.

Bon à savoir

Le pâtisson ressemble à un mini-potiron de couleur blanche. Très doux au goût, on l'aime farci de viande ou de légumes.

1
2
3
4
00:30
5

Pour 4 personnes
Préparation : 10 min
Cuisson : 30 min

MINI-PIZZAS
• aux tomates d'antan •

Ingrédients

* 1 pâte brisée
* 2 tomates rouges
* 2 tomates jaunes
* 2 tomates vertes
* 2 fromages type Saint-Marcellin
* 4 c. à soupe de moutarde
* 2 c. à soupe de persil

1. Préchauffe le four à 180 °C. Déroule la pâte et découpe quatre ronds de taille égale. Avec une fourchette, pique toute la surface des ronds.
2. Étale la moutarde sur les ronds à l'aide d'une cuillère.
3. Lave, essuie et coupe les tomates en rondelles et répartis-les sur les ronds de pâte en alternant les couleurs.
4. Coupe le fromage en morceaux et place-les sur les tomates. Mets au four pour 30 minutes.
5. À la sortie du four, parsème les mini-pizzas de persil frais haché. Accompagne-les d'une laitue de saison.

Bon à savoir

Les tomates d'antan ont plusieurs couleurs : elles ont des saveurs différentes qui enrichissent le goût.

1
2
3
4
00:30
5

Pour 4 personnes

Préparation : 15 min

PERLES DU NORD

aux pétales colorés

Ingrédients

* 2 endives jaunes
* 2 endives rouges
* 100 g de fromage de chèvre frais
* 4 brins de ciboulette
* 1 échalote grise

Pour la sauce :

* 2 c. à soupe de vinaigre de cidre
* 4 c. à soupe d'huile de noix
* ½ c. à café de miel

1 Coupe des pétales d'endives. Mets de côté les trognons (tu pourras les faire cuire à l'eau ou à la vapeur pour un prochain repas). Lave les pétales dans de l'eau fraîche, égoutte-les.

2 Coupe le fromage de chèvre frais en cubes.

3 Dans un bol, prépare la sauce vinaigrette au miel. Épluche et coupe finement l'échalote et la ciboulette.

4 Dans un plat creux, dépose les endives aux deux couleurs puis verse la sauce, parsème d'échalote et de ciboulette puis de fromage de chèvre.

Astuce

Le miel adoucit la légère amertume de l'endive et apporte un goût sucré à ton entrée. Il se marie très bien avec le fromage de chèvre ou de brebis.

1
2
3
4

Pour 4 personnes

Préparation : 10 min

TOMATES

• aux quatre couleurs •

Ingrédients

* 2 tomates rouges
* 2 tomates jaunes
* 2 tomates noires
* 2 tomates vertes
* 1 c. à soupe de persil
* 1 gousse d'ail

Pour la sauce :

* 1 c. à café de moutarde
* 2 c. à soupe de vinaigre de cidre
* 4 c. à soupe d'huile d'olive
* Sel, poivre

1. Lave les tomates. Coupe-les en petits morceaux sur une planche, puis dépose-les dans un plat.
2. Dans un bol, mélange la moutarde, le vinaigre de cidre et l'huile d'olive.
3. Verse la sauce sur les tomates. Parsème de persil haché et d'ail écrasé. Sale et poivre.
4. Tu peux accompagner ce plat de salade sucrine et ajouter quelques quartiers d'œufs durs.

Bon à savoir

On considère la tomate comme un fruit car elle contient des graines. Le plant de tomate donne des fleurs jaunes qui deviennent des fruits… que l'on cuisine comme des légumes !

1

2

3

4

Pour 4 personnes
Préparation : 30 min
Cuisson : 30 min

MILLEFEUILLE D'AUBERGINE
au thon

Ingrédients

* 2 aubergines
* 2 boîtes de thon
* 1 l de sauce tomate
* 100 g de Comté râpé
* 10 cl d'huile d'olive
* 6 feuilles de basilic
* 10 g de beurre
* Sel, poivre

1 Préchauffe le four à 180 °C. Lave les aubergines, enlève la queue et coupe des tranches dans le sens de la longueur. Mets-les à griller dans une poêle avec un peu d'huile d'olive.

2 Dans un saladier, émiette le thon et mélange-le avec la sauce tomate.

3 Beurre un plat à gratin et dispose des tranches d'aubergine. Verse la sauce dans le plat pour recouvrir les premières tranches puis recouvre de nouvelles tranches. Ajoute de nouveau de la sauce.

4 Sale et poivre puis parsème de Comté râpé. Enfourne pour 30 minutes. À la sortie du four, ajoute des feuilles de basilic frais.

Bon à savoir

L'aubergine est originaire d'Asie. Ce fruit de couleur violette, à la chair blanche et moelleuse, est cuisiné comme un légume.

1
2
3
4
00:30

Pour 4 personnes

Préparation : 30 min

Cuisson : 45 min

POMME SURPRISE

• de Mamie Rose •

Ingrédients

* 8 belles pommes du verger
* 60 g de beurre
* 100 g de sucre en poudre
* 1 sachet de sucre vanillé
* ½ c. à café de cannelle

1 Préchauffe le four à 180 °C. Avec un économe, épluche 4 pommes sans casser les peaux, que tu mettras de côté.

2 Coupe les pommes en tranches : fais-les caraméliser dans une poêle avec la moitié du beurre et du sucre. Puis pose-les sur une assiette.

3 Coupe les 4 pommes restantes en petits morceaux. Fais-les cuire avec le beurre et le sucre restants. Ajoute la cannelle et le sucre vanillé ; remue bien puis mixe le tout.

4 Sur une plaque, beurre et sucre tes épluchures de pommes puis forme 4 belles roses. Mets-les à cuire au four 15 minutes. Elles doivent être légèrement dorées.

5 Dépose sur des assiettes la compote, les tranches de pommes caramélisées et les roses en chips.

Astuce

Tu peux décorer les assiettes avec quelques feuilles de menthe ou de verveine.

1
2
3
4
00:15
5

Pour 6 personnes

Préparation : 15 min

Cuisson : 25 min

CAKE DE COURGETTES au chocolat

Ingrédients

* 200 g de chocolat noir pâtissier
* 200 g de courgettes
* 4 oeufs
* 100 g de sucre
* 30 g de farine
* 20 g de cacao amer
* 1 sachet de sucre vanillé
* 10 g de beurre pour le moule

1 Préchauffe le four à 180 °C. Lave et épluche les courgettes. Râpe-les dans un saladier.

2 Sépare les blancs des jaunes d'œufs dans deux saladiers. Monte les blancs en neige ferme.

3 Fouette les jaunes d'œufs avec le sucre en poudre et le sucre vanillé. Puis ajoute la farine, le cacao et enfin les courgettes râpées.

4 Fais fondre le chocolat au bain-marie.

5 Incorpore les blancs en neige dans la pâte aux courgettes puis ajoute le chocolat fondu refroidi.

6 Beurre un moule et saupoudre-le de farine. Verse la préparation puis enfourne 25 minutes.

Astuce

Ton gâteau est allégé par les courgettes qui remplacent la matière grasse. Et en plus, elles passent inaperçues !

1
2
3
4
5
6
00:25

Pour 4 personnes

Préparation : 15 min

BROCHETTES d'automne

Ingrédients

* 8 belles prunes
* 2 pêches de vigne
* 8 mirabelles
* 4 figues
* 8 feuilles de verveine
* 4 piques à brochette en bois

1. Lave les fruits et dépose-les dans un saladier.
2. Dénoyaute les prunes et les mirabelles. Coupe-les en deux.
3. Coupe les figues et les pêches en quartiers.
4. Pique sur les brochettes une feuille de verveine, un morceau de mirabelle, un morceau de figue, un morceau de pêche et un morceau de prune. Termine par une feuille de verveine.
5. Les brochettes terminées, place-les au réfrigérateur jusqu'au moment de les déguster.

Bon à savoir

De retour de croisade, le duc d'Anjou rapporte de Chine des... mirabelles ! On les trouve dans l'est de la France et surtout en Lorraine qui fournit 80% de la production mondiale. La saison de la mirabelle ne dure que 3 semaines.

1

2

3

4

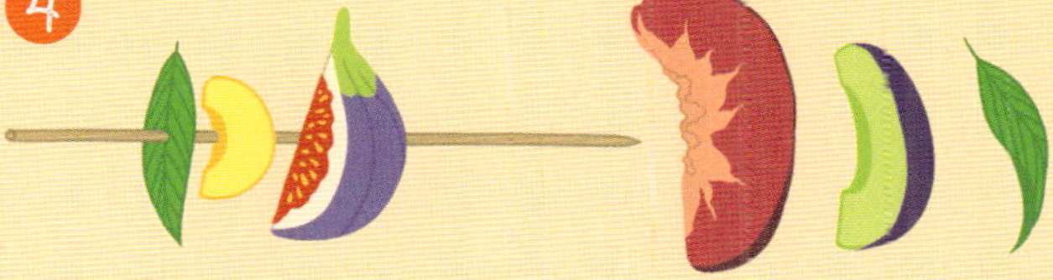

5

RECETTES D'HIVER

Pour 4 personnes

Préparation : 15 min

Cuisson : 35 min

SOUPE DE POTIRON

• et ses petits croutons •

Ingrédients

* 1,2 kg de potiron
* 1 l de lait
* 4 c. à soupe de crème fraîche
* 4 tranches de pain
* 1 pincée de noix de muscade râpée
* 1 gousse d'ail
* Sel, poivre

1 Lave le potiron et coupe-le en quartiers en demandant à un adulte de t'aider. Retire l'écorce et les pépins.

2 Coupe-le en petits morceaux et mets-les à cuire 35 minutes à feu moyen dans le lait. Sale et poivre.

3 Mixe en fin de cuisson avec un mixeur-plongeur. Ajoute la muscade, la crème fraîche et verse dans une soupière.

4 Fais griller au grille-pain quelques morceaux de pain frottés avec de l'ail.

5 Tu peux ajouter de la ciboulette fraîche pour apporter une touche finale à cette soupe riche en fibres et en vitamines.

Cuisiné en soupe, en purée et en gratin, le potiron fait partie de la famille des cucurbitacées. Venant d'Amérique du Sud, il est aussi cultivé en France. Il est composé à 95 % d'eau.

1
2
3
4
5

Pour 4 personnes

Préparation : 15 min
Cuisson : 30 min
+ 20 min

PETITS BONBONS CROUSTILLANTS
de panais

Ingrédients

* 400 g de panais cuit la veille
* 1 pâte feuilletée
* 1 jaune d'œuf pour la dorure
* 1 c. à café d'eau

1 Découpe le panais en carrés et fais-le cuire 30 minutes dans une casserole d'eau bouillante.

2 Le lendemain, préchauffe le four à 180 °C. Déroule la pâte feuilletée, découpe un gros carré, puis divise-le en 9.

3 Dépose des morceaux de panais sur chaque carré de pâte puis replie de façon à former un bonbon bien fermé.

4 Dans un bol, mélange un jaune d'œuf avec une petite cuillerée d'eau. Avec un pinceau, étale le jaune d'œuf sur tes bonbons. Mets au four 15 à 20 minutes. C'est prêt !

Bon à savoir

Le panais se décline en morceaux, en purée, en sucette, et même en frites ! Son petit goût d'artichaut, tendre et sucré, va te plaire.

1

2

3

4

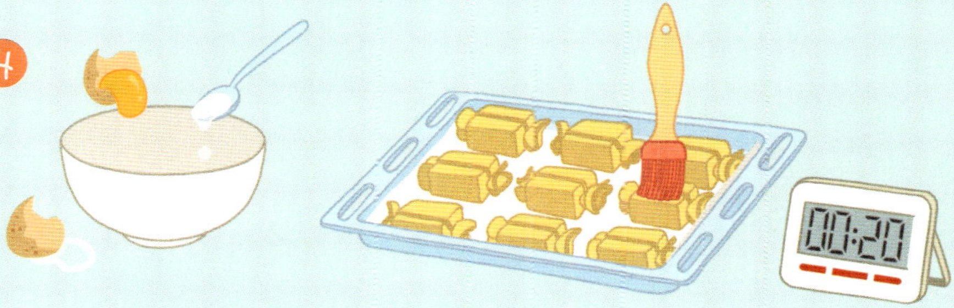

Pour 4 personnes

Préparation : 20 min

MÉLI-MÉLO DE MÂCHE

• à la grenade •

Ingrédients

* 100 g de mâche
* 2 grenades
* 2 c. à soupe de pistaches
* 120 g de fromage de chèvre frais

Pour la sauce :

* 1 c. à café de gingembre frais
* 1 c. à soupe de jus de citron
* 2 c. à soupe d'huile d'avocat
* 1 c. à café de miel

1 Trie la mâche. Rince-la plusieurs fois. Égoutte-la dans une passoire.

2 Prépare la sauce en mélangeant le jus de citron, l'huile d'avocat, le miel et le gingembre râpé.

3 Dépose la mâche sur quatre assiettes. Émiette le fromage de chèvre. Ajoute les pistaches.

4 Sur une planche, ouvre les grenades en deux et récupère les graines pour en garnir chaque assiette.

5 Verse la sauce et sers aussitôt.

Bon à savoir

La mâche se nomme aussi «doucette», «blanchette», «clairette», «raiponce», «oreillette» ou encore «herbe des chanoines».

1

2

3

4

5

Pour 4 personnes

Préparation : 10 min

Cuisson : 15 min

CRÈME DE MAÏS

avec du pop-corn !

Ingrédients

* 140 g de maïs en grains sans ogm
* 1 cube de bouillon de volaille
* 1 l d'eau
* 10 cl de crème fraîche
* 1 paquet de pop-corn salé à cuire

1. Ouvre la boîte de maïs : rince son contenu sous l'eau froide dans une passoire.
2. Dans une casserole, verse 1 litre d'eau, ajoute le cube de bouillon de volaille.
3. Dès que l'eau frémit, verse le maïs et laisse cuire 15 minutes.
4. Après cuisson, mixe la soupe avec la crème fraîche.
5. Fais cuire le pop-corn au micro-ondes et sers-le avec la soupe, comme des croutons : c'est prêt !

Bon à savoir

Le maïs vient d'Amérique du Nord mais il est peu présent dans les assiettes en France. Il peut être dégusté à même l'épi, en salade, soufflé, et se retrouve aussi en farine, en huile ou en sirop.

1
2
3
00:15
POP!
POP!
4
5

Pour 4 à 6 personnes
Préparation : 20 min
Cuisson : 30 min

BOUQUET DE CHOU-FLEUR

• sauce aurore •

Ingrédients

* 1 chou-fleur
* 50 cl de lait
* 25 g de beurre
* 25 g de farine
* 1 petite boîte de concentré de tomate
* ½ c. à café de noix de muscade râpée
* Sel, poivre

1. Prépare le chou-fleur en retirant les trognons. Lave bien les fleurettes.

2. Fais-les cuire pendant 30 minutes à feu moyen dans un faitout d'eau salée. Avec la pointe d'un couteau, vérifie la cuisson, puis égoutte le chou-fleur dans une passoire.

3. Fais chauffer le lait dans une casserole. Mets le beurre à fondre dans une autre casserole, ajoute la farine et remue avec un fouet. Ajoute le lait chaud progressivement jusqu'à ce que la sauce épaississe : ta Béchamel est prête.

4. Ajoute le concentré de tomate et mélange bien : tu obtiens maintenant une sauce aurore ! Assaisonne avec le sel, le poivre et la muscade.

5. Dépose le chou-fleur dans un plat et verse la sauce.

Bon à savoir

Au château de Versailles, le chou-fleur était très apprécié : Jean de La Quintinie, le jardinier de Louis XIV, l'a introduit et cultivé pour en faire le roi des choux !

1
2
00:30
3
4
5

Pour 4 personnes

Préparation : 15 min

Cuisson : 50 min

GRATIN DE CITROUILLE
des sorcières

Ingrédients

* 1,2 kg de citrouille
* 100 g de Comté râpé
* 4 c. à soupe de crème fraîche
* 5 g de beurre
* 1 pincée de noix de muscade râpée
* 8 brins de ciboulette
* Sel, poivre

Pour les chips :

* 50 g de parmesan ou de fromage râpé
* 1 c. à café de curry

1. Beurre le fond de ton plat à gratin. Préchauffe le four à 160 °C. Avec l'aide d'un adulte, épluche et épépine la citrouille. Coupe-la en morceaux.
2. Mets-les à cuire à feu moyen dans une casserole d'eau salée pendant 30 minutes puis égoutte-les.
3. Prépare des chips : mélange le fromage et le curry. Forme 8 boules sur une plaque garnie de papier sulfurisé. Mets au four pendant 2 à 3 minutes puis sors-les du four et monte le thermostat à 210 °C.
4. Dépose les morceaux de citrouille dans le plat à gratin. Recouvre de Comté et de crème. Sale et poivre. Enfourne pour 20 minutes.
5. À la fin de la cuisson, dispose sur ton gratin des brins de ciboulette et sers-le accompagné de chips de fromage.

Bon à savoir

De nombreux concours de citrouilles sont organisés, comme celui de «la plus grosse citrouille» : le record du monde est détenu par un Belge pour une citrouille pesant 1190 kg !

1
2
00:30
3
00:03
4
00:20
5

Pour 4 personnes

Préparation : 15 min

Cuisson : 45 min

PATATE DOUCE À LA VANILLE

• des îles •

Ingrédients

* 1 patate douce
* 2 tranches de jambon de dinde
* 50 g de beurre
* 2 gousses de vanille
* ½ c. à café de cannelle
* 2 pincées de fleur de sel

1. Préchauffe le four à 180 °C. Lave la patate douce sous l'eau fraîche et épluche-la.
2. Coupe-la en deux dans le sens de la longueur puis quadrille la chair avec un couteau. Dépose les deux moitiés dans un plat allant au four.
3. Dans un bol, ajoute le beurre fondu, les graines des deux gousses de vanille puis la cannelle.
4. Avec un pinceau, badigeonne la patate douce avec le mélange de beurre fondu.
5. Coupe les tranches de dinde en lamelles et glisse-les dans les fentes du quadrillage.
6. Enfourne pour 40 à 45 minutes. À la sortie du four, saupoudre de fleur de sel.

Astuce

Tu peux ajouter du fromage râpé pour donner un goût croustillant à ce plat délicieusement sucré-salé.

1
2
3
4
5
6
00:45

Pour 4 personnes

Préparation : 15 min

Congélation : 5 min

SUCETTES CHOCOLATÉES

• au kiwi •

Ingrédients

* 4 kiwis
* 100 g de chocolat noir pâtissier
* 12 bâtonnets plats en bois

1 Lave les kiwis sous l'eau fraîche et épluche-les.

2 Sur une planche, coupe de belles tranches que tu piqueras avec les bâtonnets. Mets-les au congélateur pendant 5 minutes.

3 Fais fondre le chocolat au bain-marie.

4 Juste avant de les déguster, trempe à moitié les bâtons de kiwis dans le chocolat pour avoir une moitié verte, une moitié chocolatée. Si tu le souhaites, tu peux même varier les plaisirs en trempant les sucettes dans du chocolat blanc.

Bon à savoir

Le kiwi est originaire de Chine mais il est cultivé en France de novembre à mai. N'hésite pas à en manger pour son apport en vitamine C.

1
2
3
4

Pour 6 personnes
Préparation : 10 min
Cuisson : 45 min

GOURMANDISE FACILE
• à la noix de coco •

Ingrédients

* 2 oeufs
* 150 g de sucre
* 150 g de beurre
* 150 g de noix de coco râpée
* 25 cl de lait
* 120 g de farine
* 1 sachet de levure

1 Préchauffe le four à 180 °C. Dans un saladier, mélange au fur et à mesure les œufs, le sucre, le beurre fondu, la noix de coco râpée, le lait, la farine et la levure.

2 Beurre un moule à cake et saupoudre-le de farine.

3 Verses-y la pâte et recouvre de papier aluminium.

4 Enfourne pour 45 minutes. C'est déjà prêt, régale-toi !

Astuce

Le papier aluminium va empêcher de trop colorer le gâteau à la cuisson.

1
2
3
4
00:45

Pour 4 personnes

Préparation : 15 min

Congélation : 1 à 2 h

PARFAIT GLACÉ

• à la banane •

Ingrédients

* 4 bananes bien mûres
* 1 sachet de sucre vanillé
* 100 g de miel
* 15 cl de crème fraîche
* Le jus d'½ citron

1 Épluche les bananes. Écrase-les pour en faire une purée.

2 Ajoute le jus de citron, le miel, le sucre vanillé puis la crème fraîche et remue bien le tout.

3 Verse ton parfait dans un bac à glace et place-le au congélateur 1 à 2 heures.

4 Il doit être glacé mais rester onctueux, le miel l'empêchera de durcir.

Astuce

Le parfait est une glace onctueuse prise à moitié, très rafraîchissante : un véritable voyage jusqu'aux Caraïbes !

1
2
3
4

RECETTES DE PRINTEMPS

Pour 4 à 6 personnes

Préparation : 15 min

Cuisson : 30 min

VELOUTÉ D'ORTIES

• sauvages •

Ingrédients

* 80 g d'orties fraîches cueillies en forêt
* 800 g de pommes de terre
* 20 g de beurre
* 1 c. à soupe de crème fraîche
* 1 c. à soupe de persil
* Sel, poivre
* Un peu de vinaigre blanc

1. Mets des gants pour manipuler les orties que tu auras cueillies en forêt. Lave-les à plusieurs reprises dans de l'eau vinaigrée.

2. Lave, épluche et coupe en morceaux les pommes de terre.

3. Plonge les pommes de terre et les orties dans une casserole d'eau salée frémissante. Laisse cuire 20 à 30 minutes.

4. À la fin de la cuisson, mixe le tout. Ajoute le beurre et la crème fraîche. Sale et poivre.

5. Verse dans une soupière et ajoute une cuillerée de persil haché.

Astuce

Cueille les feuilles d'orties les plus hautes et les plus jeunes. Cette plante sauvage est le légume le plus riche en vitamines.

1
2
3
00:30
4
5

Pour 4 personnes

Préparation : 15 min

Cuisson : 10 min

PISSENLITS DES PRÉS

• aux petits lardons •

Ingrédients

* 400 g de jeunes pissenlits ramassés dans les prés
* 100 g de lardons
* 4 oeufs frais
* 1 c. à soupe de persil

Pour la sauce :

* 4 c. à soupe d'huile d'olive
* 2 c. à soupe de vinaigre de cidre

1 Lave, épluche et essore les pissenlits. Dépose-les dans un saladier.

2 Fais revenir les lardons dans une poêle et fais-les dorer.

3 Fais cuire des œufs mollets pendant 6 minutes dans une casserole d'eau bouillante. Laisse-les refroidir sous l'eau fraîche pour arrêter la cuisson puis enlève les coquilles.

4 Dans un bol, prépare une sauce vinaigrette avec le vinaigre de cidre et l'huile d'olive.

5 Verse la vinaigrette et les petits lardons encore chauds sur les pissenlits. Dépose les œufs mollets tièdes, coupés en deux. Parsème de persil. Tu peux servir !

Bon à savoir

Le pissenlit, aussi appelé «dent de lion», se cueille au printemps. Connu depuis la nuit des temps comme plante médicinale, il est riche en vitamines C et D.

1

2

3

4

5

Pour 4 personnes
Préparation : 10 min
Cuisson : 25 min

PETITS LÉGUMES

fondants nouveaux

Ingrédients

* 400 g de petits pois
* 8 pommes de terre nouvelles
* 8 carottes nouvelles
* 100 g de lardons
* 1 c. à soupe de persil
* 3 gousses d'ail
* 15 g de beurre
* 3 c. à soupe d'huile d'olive
* Fleur de sel, poivre

1 Rince les petits pois et mets-les à cuire dans une casserole d'eau salée pendant 15 minutes.

2 Lave les carottes et les pommes de terre sous l'eau froide avec une brosse pour enlever leur peau fine. Mets-les à cuire 20 minutes dans une casserole d'eau salée.

3 Quand les petits pois sont cuits, égoutte-les, plonge-les dans un saladier d'eau glacée pour qu'ils restent bien verts et égoutte-les de nouveau. Lorsque les pommes de terre et les carottes sont cuites, égoutte-les également.

4 Dans une grande poêle, fais revenir les lardons dans le beurre et l'huile. Ajoute les légumes et remue délicatement avec une spatule.

5 Dans un plat, verse la préparation bien chaude et parsème de fleur de sel, de poivre, de persil haché et d'ail écrasé.

Astuce

Ce plat de légumes accompagne très bien un rôti de porc ou de veau.

1

2

3

4

5

Pour 4 personnes

Préparation : 10 min

Cuisson : 15 min

OMELETTE AUX POINTES

• d'asperges vertes •

Ingrédients

* 8 oeufs frais
* 8 tranches de bacon
* 1 botte d'asperges vertes fraîches
* 1 c. à soupe de persil
* 1 c. à soupe d'huile d'olive
* 10 g de beurre
* 1 pincée de paprika
* Sel, poivre

1 Épluche les asperges vertes, coupe les bases. Dans une casserole d'eau bouillante, mets-les à cuire pendant 10 minutes. Puis égoutte-les et plonge les pointes d'asperges dans l'eau glacée.

2 Dans un saladier, casse les œufs, fouette à la fourchette, sale et poivre. Découpe le bacon en fines lamelles. Lave et hache le persil.

3 Dans une poêle, verse l'huile et le beurre. Dépose les pointes d'asperges et le bacon : laisse revenir 2 minutes.

4 Retire-les de la poêle et verse les œufs battus : laisse cuire 2 minutes puis ajoute les asperges et le bacon. Saupoudre de paprika.

5 Plie l'omelette en deux comme un chausson ; retourne-le pour 2 minutes. C'est prêt !

Astuce

Pour rendre l'omelette plus légère, ajoute une cuillerée d'eau froide avant de battre les œufs.

1
2
3
00:02
4
5

Pour 4 personnes

Préparation : 15 min

CAROTTES DU POTAGER

à l'orange

Ingrédients

* 400 g de carottes
* 1 c. à soupe de persil
* 1 échalote
* 1 gousse d'ail

Pour la sauce :

* 1 c. à café de moutarde
* 2 c. à soupe de vinaigre de cidre
* 4 c. à soupe d'huile d'olive
* Le jus d'1 orange

1 Lave et épluche les carottes. Râpe-les dans un saladier.

2 Épluche l'échalote et l'ail, hache-les.

3 Prépare la sauce vinaigrette avec la moutarde, le vinaigre, l'huile et le jus d'orange pressée.

4 Verse la sauce sur les carottes et parsème de persil haché, d'ail et d'échalotes.

Bon à savoir

La carotte est originaire d'Asie. Elle protège la peau et améliore la vue. Riche en vitamine A, ce légume est le plus cultivé au monde.

1

2

3

4

Pour 4 personnes

Préparation : 10 min

Cuisson : 35 min

TRIO DE LÉGUMES

aux saucisses de volaille

Ingrédients

* 4 pommes de terre
* 1 brocoli
* 4 carottes
* 8 saucisses de volaille
* 10 g de beurre
* 1 c. à soupe de persil
* 4 gousses d'ail
* 1/2 c. à café de fleur de sel

1 Lave les légumes. Épluche les pommes de terre et fais-les cuire dans une casserole d'eau bouillante salée pendant 20 minutes. Épluche les carottes et coupe-les en deux dans le sens de la longueur.

2 Fais-les cuire 20 minutes dans une autre casserole d'eau bouillante salée. Au bout de 12 minutes, ajoute le brocoli. Après cuisson, égoutte les légumes et mets-les dans un plat avec une noisette de beurre.

3 Dans une poêle, fais cuire les saucisses sans les piquer pendant 10 à 15 minutes à feu moyen.

4 Quand les saucisses sont cuites, enlève-les du feu et pose-les sur les légumes. Ajoute la fleur de sel, l'ail pressé et le persil haché.

Astuce

Pour bien choisir ton brocoli, il faut qu'il soit bien vert, bien serré et sans feuilles jaunes.

1

2

3

4

Pour 8 gaufres salées

Préparation : 15 min

Cuisson : 25 min

Repos : 2 h au frais

GAUFRES SURPRISES au Cantal

Ingrédients

* 2 oeufs frais
* 200 g de farine
* 60 g de beurre
* ½ sachet de levure
* 10 cl de lait
* 100 g de lardons
* 1 oignon
* 1 poivron rouge
* 60 g de Cantal râpé
* 1 c. à soupe d'huile d'olive
* Sel, poivre

1 Dans un bol, sépare les blancs des jaunes d'œufs. Dans un saladier, verse le lait. Ajoute le beurre fondu refroidi et les deux jaunes d'œufs ; mélange le tout.

2 Dans un autre saladier, dépose la farine et la levure. Mélange bien. Verse la préparation précédente dans le saladier de farine jusqu'à obtenir une pâte bien homogène.

3 Avec un batteur, monte les blancs en neige bien fermes puis mélange délicatement avec la première pâte.

4 Ajoute le Cantal râpé et assaisonne. Mets à reposer pendant 2 heures au frais.

5 Dans une poêle, fais revenir l'oignon et le poivron émincés dans l'huile. Ajoute les lardons et laisse cuire en remuant de temps en temps.

6 Avec l'aide d'un adulte, fais chauffer le gaufrier. Mélange tous tes ingrédients dans la pâte : la cuisson de tes gaufres peut commencer !

1
2
3
4
5
6

Pour 4 personnes

Préparation : 15 min

SUCETTES D'ANANAS
• au chocolat •

Ingrédients

* 1 petit ananas frais
* 200 g de chocolat noir pâtissier
* 8 piques à brochette en bois

1 Lave l'ananas. Sur une planche à découper, retire la peau en gardant le plumeau (le sommet du fruit).

2 Découpe 8 tranches d'ananas. Retire le trognon puis pique les bâtons pour former 8 sucettes.

3 Fais fondre le chocolat au bain-marie.

4 Au moment de les déguster, trempe les sucettes d'ananas aux trois quarts dans le chocolat en gardant une partie du fruit visible pour rendre la sucette plus jolie.

Astuce

Tu peux décorer tes sucettes avec des paillettes multicolores, de la noix de coco en poudre ou des noisettes concassées.

1
2
3
4

Pour 1 personne

Préparation : 5 min

MILK-SHAKE TIGRÉ

• à la banane •

Ingrédients

* 1 banane tigrée
* 10 cl de lait
* 50 g de fromage blanc
* 10 g de sucre vanillé
* 1 c. à soupe de sirop de myrtille ou de cassis

1 Dans un mixeur, verse le lait froid. Épluche la banane et coupe-la en rondelles. Place les rondelles dans le mixeur.

2 Ajoute le fromage blanc et le sucre vanillé ; mixe le tout.

3 Verse ton milk-shake dans un verre et ajoute une cuillère de sirop de myrtille sur le dessus en faisant une jolie spirale. Les gourmands déposeront quelques myrtilles fraîches sur cette délicieuse boisson.

Bon à savoir

La banane est cultivée depuis 12 000 ans. Ce fruit généreux se trouve sur les étals de nos marchés toute l'année. On en trouve des centaines de variétés. Son nom vient de l'arabe et signifie « doigt ».

1
2
3

Pour 6 personnes

Préparation : 15 min

Cuisson : 1 h

MOELLEUX AUX ORANGES

du verger

Ingrédients

* 2 oranges non traitées
* 3 oeufs
* 180 g de sucre
* 180 g de farine
* 180 g de beurre

1 Préchauffe le four à 180 °C. Casse les œufs dans un saladier, ajoute le sucre et mélange bien au fouet.

2 Ajoute la farine tamisée, le beurre fondu et mélange le tout.

3 Sous l'eau fraîche, lave les oranges, essuie-les puis râpe-les pour en garder le zeste. Ajoute-le à la pâte.

4 Beurre et saupoudre de farine ton moule à cake. Verse ta préparation dans le moule et enfourne pour 1 heure.

5 Presse les oranges pour déguster le jus avec ton moelleux aux oranges.

Astuce

Pour rendre ton gâteau plus moelleux, verse un demi-verre de jus d'orange dans ta préparation. Tu peux décliner cette recette avec du citron.

1

2

3

4

5

RECETTES D'ÉTÉ

Pour 4 personnes
Préparation : 10 min
Cuisson : 1 h

DÉLICE D'ARTICHAUTS
aux trois sauces

Ingrédients

* 4 artichauts très frais
* 1 verre de vinaigre blanc

Pour la sauce au miel :
* 1 c. à soupe de vinaigre de cidre
* 9 c. à soupe d'huile d'olive
* 1 c. à café de moutarde
* 1 c. à café de miel
* Sel, poivre

Pour la sauce au ketchup :
* 4 c. à soupe de mayonnaise
* 2 c. à soupe de ketchup

Pour la sauce aux herbes :
* 4 c. à soupe de mayonnaise
* 1 c. à soupe de persil
* 1 gousse d'ail

1 Fais bouillir de l'eau salée dans un faitout. Coupe les troncs des artichauts. Laisse tremper dans de l'eau vinaigrée tête en bas, pour éliminer les pucerons, puis rince à l'eau froide.

2 Dépose les artichauts dans le faitout et laisse cuire à feu moyen pendant 1 heure. Une fois cuits, pose-les tête en bas dans la passoire pour bien les égoutter.

3 Dans 3 ramequins, prépare les 3 sauces : commence par la sauce au miel en mélangeant le vinaigre, l'huile, la moutarde et le miel. Sale et poivre. Puis prépare la mayonnaise au ketchup en mélangeant la mayonnaise et le ketchup. Enfin, prépare la mayonnaise aux herbes en y mélangeant le persil haché et l'ail pressé.

Bon à savoir

L'artichaut appartient à la famille des chardons. On le sert dès le XVIe siècle sur les tables des rois qui le dégustaient en dessert.

1
2
01:00
3
Vinaigrette au miel
Mayonnaise au ketchup
Mayonnaise aux herbes fraîches

Pour 4 personnes
Préparation : 10 min
Cuisson : 30 min

GRATIN MARIN
de mini-courgettes

Ingrédients

* 800 g de petites courgettes
* 1 l de coulis de tomates
* 300 g de thon
* 1 c. à soupe de persil
* 2 gousses d'ail
* 120 g de Comté râpé
* 10 g de beurre
* Sel, poivre

1 Préchauffe le four à 200 °C. Beurre un plat à gratin. Lave et coupe les mini-courgettes en rondelles dans le plat, sale et poivre.

2 Égoutte le thon et émiette-le dans un saladier. Ajoute le coulis de tomates.

3 Dépose le persil haché et l'ail écrasé. Remue bien.

4 Puis dépose ce mélange sur les courgettes. Parsème de Comté râpé. Mets au four pendant 30 minutes.

Astuce

Le thon est menacé de surpêche : on peut facilement le remplacer par des poissons issus de pêches durables tels que le colin, le lieu noir, le maquereau.

1

2

3

4

Pour 4 personnes

Préparation : 15 min

ÉVENTAILS DE TOMATES

aux œufs durs

Ingrédients

* 4 tomates
* 4 oeufs
* 2 échalotes
* 1 c. à soupe de persil
* 1 gousse d'ail

Pour la sauce :

* 4 c. à soupe de mayonnaise
* 1 c. à soupe de vinaigre de cidre
* 1 c. à soupe d'eau

1 Lave les tomates. Découpe chacune d'elles en éventail, en les positionnant la queue vers le bas et en faisant attention de ne pas les couper jusqu'au bout.

2 Fais cuire les œufs 8 minutes dans l'eau bouillante. Laisse-les refroidir. Coupe-les en rondelles.

3 Glisse les rondelles d'œufs entre les tranches de tomates. Dispose les tomates dans un plat.

4 Dans un bol, mélange la mayonnaise, le vinaigre et une cuillerée à soupe d'eau pour fluidifier la sauce. Nappe les tomates de cette sauce.

5 Ajoute sur tes tomates les échalotes, le persil haché et l'ail écrasé.

Astuce

La «mayonnaise tombée» est une sauce mayonnaise compacte diluée, ce qui permet de bien napper les tomates en éventail.

1

2

3

4

5

Pour 4 personnes

Préparation : 10 min

Cuisson : 7 min

GALETTES D'ÉPINARDS

à la fleur de sel

Ingrédients

* 800 g de jeunes pousses d'épinards
* 30 g de beurre
* Fleur de sel

1 Lave les pousses d'épinards à l'eau claire. Mets-les à égoutter dans une passoire.

2 Dépose-les dans une casserole d'eau bouillante et laisse-les cuire 3 à 5 minutes. Puis passe-les sous l'eau froide pour arrêter la cuisson et égoutte-les.

3 Forme de petites galettes avec les pousses d'épinards en les pressant dans tes mains.

4 Dans une poêle, fais fondre le beurre. Place les galettes dans la poêle et fais-les revenir pendant 2 minutes.

5 Parsème de fleur de sel et sers bien chaud.

Bon à savoir

Les pousses d'épinards perdent leurs vertus à la cuisson mais crues en salade, elles seront ton allié et t'apporteront fer, vitamines et minéraux.

1

2

3

4

5

Pour 4 personnes

Préparation : 15 min

CONCOMBRE À LA CIBOULETTE

des fées

Ingrédients

* 2 concombres
* 1 botte de ciboulette
* Le jus d'1 citron
* 1 gousse d'ail
* 1 échalote

Pour la sauce :

* 1 yaourt grec
* 2 c. à soupe d'huile d'olive
* 2 c. à soupe de vinaigre de cidre
* 1 c. à café de moutarde à l'ancienne
* 1 pincée de paprika
* Sel, poivre

1 Lave les concombres. Découpe-les en cubes. Places-les dans un saladier avec le jus de citron et mets au frais.

2 Dans un bol, verse le yaourt.

3 Ajoute la moutarde, le vinaigre puis l'huile petit à petit en fouettant. Ajoute du sel, du poivre et du paprika.

4 Lave et coupe la ciboulette. Épluche et hache les échalotes. Presse l'ail.

5 Verse la sauce sur les concombres et parsème de ciboulette, d'échalotes et d'ail. Pour décorer, tu peux ajouter quelques tomates cerises.

Astuce

Très rafraîchissante, cette sauce méditerranéenne s'accorde très bien avec des feuilles de menthe ou de basilic.

1

2

3

4

5

Pour 4 personnes

Préparation : 15 min

Cuisson : 10 min

TARTE SUCRÉE-SALÉE

de figues et de coings

Ingrédients

* 1 pâte feuilletée
* 1 fromage de chèvre frais
* 1 fromage de vache frais
* 12 figues violettes
* 2 c. à soupe de gelée de coings
* Fleurs de thym
* Fleur de sel
* Poivre 5 baies

1 Préchauffe le four à 180 °C. Pose une feuille de papier sulfurisé sur une plaque. Étale la pâte feuilletée et découpe à l'emporte-pièces 4 cercles que tu piqueras à l'aide d'une fourchette.

2 Dans un saladier, écrase avec une fourchette les deux fromages, ajoute la gelée de coings et remue bien : la préparation doit être onctueuse.

3 Étale la préparation sur les cercles de pâte.

4 Rince les figues sous l'eau fraîche et coupe-les en fines tranches que tu disposeras en rosace sur la préparation.

5 Enfourne pour 10 minutes environ. À la sortie du four, saupoudre de fleur de sel, de fleurs de thym et de poivre 5 baies.

Bon à savoir

La figue est au départ une fleur inversée qui pousse à l'intérieur du fruit. Elle mûrit sur le figuier et se gorge de soleil, prenant un succulent goût de miel.

1
2
3
4
5

Pour 4 personnes

Préparation : 10 min

PLUMEAUX DE ROMARIN

aux fraises du jardin

Ingrédients

* 8 brins de romarin
* 24 fraises juteuses
* 50 g de sucre
* 4 c. à soupe de vinaigre balsamique
* 1 boule de glace à la vanille ou un peu de crème Chantilly

1. Lave les fraises dans un saladier d'eau froide. Enlève les queues.

2. Prépare le romarin pour former des brochettes : retire la moitié des feuilles, pour former un plumeau sur le dessus de la tige. Enfile 3 fraises par brochette de romarin.

3. Fais chauffer dans la poêle le vinaigre balsamique et le sucre pour faire un caramel. Dépose les brochettes de fraises dans la poêle, 30 secondes de chaque côté.

4. Une fois caramélisées, dispose-les sur une assiette. Ajoute si tu le souhaites une boule de glace à la vanille ou de la crème Chantilly.

Astuce

Ce subtil dessert aura des senteurs naturelles de barbe à papa et de fraise Tagada !

1

2

3

4

Pour 1 personne

Préparation : 10 min

MILK-SHAKE À LA PÊCHE de vigne

Ingrédients

* 15 cl de lait
* 3 pêches de vigne
* 1 boule de sorbet à la pêche

1 Lave et équeute les pêches. Épluche-les et enlève les noyaux.

2 Dans un mixeur, verse le lait bien froid, les pêches et le sorbet à la pêche.

3 Mixe le tout puis verse dans un grand verre et déguste aussitôt.

Bon à savoir

La pêche de vigne est un fruit très sensible. Elle est plantée dans certains vignobles car elle permet de détecter les plants de vigne atteints de maladies.

1

2

3

Pour 4 personnes

Préparation : 15 min

Repos : 2 h au frais

MOUSSE À LA FRAISE

pour petit chef en herbe

Ingrédients

* 250 g de fraises
* 100 g de sucre
* 250 g de crème fraîche entière bien froide
* 2 blancs d'oeufs
* Le jus d'1 citron

1. Lave et équeute les fraises. Passe-les au mixeur et verse le jus obtenu dans un saladier.
2. Ajoute le sucre et le jus de citron.
3. Verse la crème fraîche dans un saladier et monte-la en Chantilly à l'aide d'un batteur.
4. Puis incorpore délicatement les fraises mixées à la Chantilly. Place la crème au frigo.
5. Dans un bol, monte les blancs en neige, puis incorpore-les délicatement à la Chantilly de fraises : tu obtiens une belle mousse à la fraise.
6. Répartis-la dans des ramequins et laisse reposer au réfrigérateur 1 à 2 heures.

Astuce

Cette mousse peut te servir de garniture pour des tartes, de gâteaux ou pour fourrer des bûches ou des gâteaux roulés.

1
2
3
4
5
6

Pour 4 personnes

Préparation : 15 min

SUCETTES DE PASTÈQUE

à l'emporte-pièces

Ingrédients

* 1 pastèque
* 1 verre de lait
* 1 boule de glace à la vanille
* 1 boîte d'emporte-pièces de différentes formes
* 12 bâtonnets plats en bois

1 Lave la pastèque. Demande à un adulte de t'aider à découper des tranches de 2 cm d'épaisseur.

2 Avec les emporte-pièces, découpe des formes amusantes et pique-les sur tes bâtonnets pour faire des sucettes.

3 Mets-les au frais jusqu'au moment de les déguster.

4 Dans un mixeur, place les morceaux de pastèque restants. Ajoute un verre de lait froid et une boule de glace à la vanille. Et voilà un bon dessert glacé !

Bon à savoir

De la famille des cucurbitacées, ce « melon d'eau » originaire d'Afrique nous désaltère pendant les fortes chaleurs. En Asie, les pépins de pastèque sont offerts aux jeunes mariés en signe de fertilité.

1

2

3

4

CALENDRIER

des fruits et légumes selon les saisons

Les fruits	Automne	Hiver	Printemps	Été
Ananas		■	■	■
Avocat	■	■	■	
Banane	■	■	■	■
Citron	■	■	■	■
Coing	■			
Figue	■			■
Fraise			■	■
Grenade	■	■		
Kiwi	■	■	■	
Mirabelle	■			■
Myrtille	■			■
Noix de coco	■	■		
Orange	■	■	■	
Pastèque	■			■
Pêche	■			■
Pistache	■			■
Pomme	■	■	■	■
Prune	■			■
Verveine			■	■

Les légumes	Automne	Hiver	Printemps	Été
Artichaut	■		■	■
Asperge			■	■
Aubergine	■		■	■
Brocoli	■	■		■
Carotte	■	■	■	■
Chou-fleur	■	■	■	■
Citrouille	■	■		
Concombre	■		■	■
Courgette			■	■
Endive	■	■	■	
Épinard	■	■	■	■
Mâche	■	■	■	
Maïs	■			
Ortie	■		■	■
Panais	■	■		
Patate douce	■	■		
Pâtisson	■			■
Petits pois			■	■
Pissenlit			■	■
Poivron	■			
Pomme de terre	■	■	■	■
Potiron	■	■		
Salade	■	■	■	■
Tomate	■		■	■

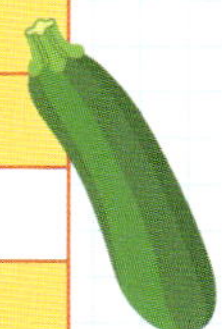

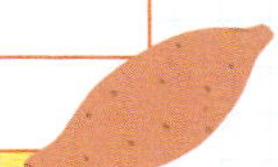

Couvent Sainte-Cécile, 37 rue Servan, 38000 Grenoble
Loi n°49-956 du 16 juillet 1949 sur les publications destinées à la jeunesse.

Conception graphique et réalisation : Elfried Werner

Dépôt légal : septembre 2021
ISBN : 978-2-344-04802-3 / 001

Achevé d'imprimer en Pologne en août 2021 par Dimograf,
sur papier provenant de forêts gérées de manière durable.